AF542642

ÉTRENNES

AUX

Souscripteurs de la Banque Philanthropique

NOTICE

SUR LA VIE DE M.

DE LAROCHEFOUCAULD

Duc de Doudeauville.

PARIS

A. BAELEN, EDITEUR,

Rue Notre-Dame-de-Lorette, 60.

Et dans les départements, chez tous les directeurs et receveurs de la BANQUE PHILANTHROPIQUE,

Les principaux libraires et les directeurs de la poste aux lettres.

JANVIER 1840.	FÉVRIER.	MARS.
N. L. le 4, à 9 h. s.	N. L. le 3, à 2 h. s.	N. L. le 4, à 4 h. m.
P. Q. le 12, à 8 h. m.	P. Q. le 10, à 11 h. s.	P. Q. le 10, à 11 h. s.
P. L. le 19, à 0 h. m.	P. L. le 17, à 2 h. s.	P. L. le 18, à 4 h. m.
D. Q. le 26, à 1 h. s.	D. Q. le 25, à 11 h. m.	D. Q le 26, à 6 h. m.
m. 1 CIRCONCISION.	s. 1 s. Ignace.	D. 1 *Quinquagès.*
j. 2 s. Basile, évêq.	D. 2 PURIFICATION.	l. 2 s. Simplice.
v. 3 s[te]. *Geneviève*	l. 3 s. Blaise, év.	m. 3 s. Cunégonde.
s. 4 s. Rigobert.	m. 4 s. Philéas.	m. 4 *Les Cendres.*
D. 5 ste. Amélie.	m. 5 ste. Agathe.	j. 5 s. Adrien.
l. 6 L'ÉPIPHANIE.	j. 6 s. Vast.	v. 6 ste. Colette.
m 7 s. Théau, orf.	v. 7 s. Romuald.	s. 7 ste. Perpétue.
m. 8 s. Lucien, év.	s. 8 s. Jean de M.	D 8 *Quadra.*
j. 9 s. Furcy, ab.	D. 9 ste. Apolline.	l. 9 ste. Françoise.
v. 10 s. Paul, ermite.	l. 10 ste Scholastiq.	m. 10 ste. Doctrovée.
s. 11 s. Théodose.	m. 11 s. Séverin, ab.	m. 11 s. Blanch. 4 T.
D. 12 s. Arcadius, m.	m. 12 ste. Eulalie.	j. 12 s. Pol, év.
l. 13 Bapt. de N. S	j. 13 s. Lézin.	v. 13 ste. Euphrasie.
m. 14 s. Hilaire, év.	v. 14 s Valentin.	s. 14 s. Lubin.
m. 15 s. Maur, abbé	s. 15 s. Faustin.	D. 15 *Reminiscere.*
j 16 s. Guillaume	D. 16 *Septuagésime*	l. 16 s. Cyriaque.
v. 17 s. Antoine, ab.	l. 17 s. Théodule.	m. 17 ste. Gertrude.
s. 18 Ch. s. P à R.	m. 18 s. Siméon, év.	m 18 s. Alexandre.
D. 19 s. Sulpice, év	m. 19 s Gabin.	19 s. Joseph.
l. 20 s. Sébastien.	j. 20 s. Eucher.	v. 20 s Joachim.
m. 21 s[te]. Agnès, v. m.	v. 21 s. Pépin.	s. 21 s Benoît.
m. 22 s. Vincent.	s. 22 ste. Isabelle.	D. 22 *Oculi.*
j. 23 s. Ildefonse.	D. 23 *Sexagésime.*	l. 23 s. Victorien.
v. 24 s. Babylas, év.	l. 24 s. Mathias.	m. 24 s. Simon.
s. 25 Conv. s. Paul	m. 25 s. Tarcise, év.	m. 25 s. Irénée.
D. 26 ste. Paule.	m. 26 s. Nestor.	j. 26 s. Ludger.
l. 27 s. Julien, év.	j. 27 ste. Honorine.	v. 27 s. Rupert.
m. 28 s. Charlemagne	v. 28 s. Romain.	s. 28 s. Gontrand.
m. 29 s. François de S	s. 29 s. Arille.	D. 29 *Lœtare.*
j. 30 ste. Bathilde.	Epacte. . . XXVI.	l. 30 s. Rieul.
v. 31 s. Pierre Nol.	Lettre Dominic. ED.	m. 31 ste Balbine.

AVRIL.

N. L. le 2, à 3 h. s.
P. Q. le 9, à 6 h. m.
P. L. le 16, à 8 h. s.
D. Q. le 24, à 11 h. s.

m. 1 s. Hugues.
j. 2 s. Franç. de P
v. 3 s. Richard.
s. 4 s. Isidore.
D. 5 *La Passion.*
l. 6 s. Prudent.
m. 7 ste. Clotaire.
m. 8 ANNONCIATION
j. 9 ste. Mar e, ég.
v 10 s. Fulbert.
s. 11 s. Léon, pape.
D 12 *Les Rameaux.*
l. 13 s. Marcellin.
m. 14 s. Tiburce
m. 15 s. Paterne, év.
j. 16 s. Fructueux.
v. 17 *Vendr.-Saint.*
s. 18 s. Parfait.
D. 19 PAQUES.
l. 20 s^e. Hildegonde.
m. 21 s. Anselme.
m. 22 ste. Opportune.
j. 23 s. Georges, m
v. 24 ste Beuve.
s. 25 s. Marc, *abst.*
D 26 *Quasimodo.*
l. 27 s. Polycarpe.
m. 28 s. Vital, mart.
m. 29 s. Robert.
j. 30 s. Eutrope.

MAI.

N. L. le 2 à 0 h. m.
P. Q. le 8, à 2 h. s.
P. L. le 16, à 11 h. m.
D. Q. le 24, à 1 h. s.
N. L. le 31, à 7 h. m.

v. 1 s. PHILIPPE.
s. 2 s. Athanase.
D. 3 Invent. s^te Croix
l. 4 ste. Monique.
m. 5 Conv. s. Aug.
m. 6 s. Jean P. L.
j. 7 s. Stanislas.
v. 8 s. Désiré.
s. 9 s. Grégoire.
D. 10 s. Gordien.
l. 11 s. Mamert, év.
m. 12 ste Flavie.
m. 13 s. Servais.
j. 14 s. Pacôme
v. 15 s. Achille.
s. 16 s. Honoré.
D 17 s. Pascal.
l. 18 s. Venance.
m. 19 s. Célestin, p.
m 20 s. Bernardin.
j. 21 s. Hospice.
v. 22 ste. Julie.
s. 23 s. Didier, év.
D. 24 s. Donatien.
l. 25 s. Urbain. *Rog.*
m. 26 s. Philippe de N
m. 27 s. Hildebert.
j 28 ASCENSION.
v. 29 s. Maximin.
s. 30 s. Emile.
D. 31 ste. Pétronille

JUIN.

P. Q. le 7, à 4 h m.
P. L. le 15, à 2 h. m.
D. Q. le 22, à 11 h. s.
N. L. le 29, à 2 h. s.

l. 1 s. Pamphile.
m. 2 s. Pothin,
m. 3 ste. Clotilde.
j. 4 s. Quirin, m.
v. 5 s Boniface.
s. 6 s. Claude. v. j.
D. 7 PENTECOTE.
l. 8 s. Médard.
m. 9 ste. Pélagie.
m. 10 s. Landry. *4 T.*
j. 11 s. Barnabé.
v. 12 s. Basilide.
s. 13 s. Antoine de P
D 14 *La Trinité.*
l. 15 s Guy, mart.
m. 16 s Fargeau.
m. 17 s Avit, abbé.
j. 18 FÊTE-DIEU.
v. 19 s. Gervais, s. P.
s. 20 s. Sylvère.
D. 21 s. Leufroi, ab.
l. 22 s. Paulin, év.
m 23 s. Félix, m.
m. 24 *s. Jean-Bapt.*
j. 25 *Oc. Fête-Dieu*
v. 26 s Babolein.
s. 27 s. Ladislas.
D. 28 s. Irénée, v. j.
l 29 *ss. Pierre et P.*
m 30 Comm. s. Paul

JUILLET.

P. Q. le 6, à 2 h. s.
P. L. le 14, à 40 h. s.
D. Q. le 22, à 6 h. m.
N. L. le 28, à 9 h. s.

m. 1 s. Martial.
j. 2 Visit. de la V.
v. 3 s. Anatole, év.
s. 4 Translat. s. M.
D. 5 ste. Zoé, mart.
l. 6 s. Tranquillin.
m. 7 ste. Aubierge.
m. 8 ste. Élisabeth.
j. 9 s. Ephrem.
v. 10 ste. Félicité.
s. 11 Transl. s. Ben.
D. 12 s. Gualbert.
l. 13 s. Turiaf, év.
m. 14 s. Bonaventure
m. 15 s. Henri, emp.
j. 16 s. Eustate, év.
v. 17 s. Spérat et C.
s. 18 s. Clair.
D. 19 s. Vincent de P.
l. 20 s[e]. Marguerite.
m. 21 s Victor, m.
m. 22 s[e]. Madeleine.
j. 23 s. Apollinaire.
v. 24 s[e]. Christine C.
s. 25 s. Jacques le m.
D. 26 s. Christophe.
l. 27 s. Pantaléon.
m. 28 ste. Anne.
m 29 ste. Marthe.
j. 30 s. Abdon, m.
v 31 s. Germ. Aux.

AOUT.

P. Q. le 5, à 5 h. m.
P. L. le 13, à 7 h. m.
D. Q. le 20, à 0 h. s.
N. L. le 27, à 6 h. m.

s. 1 s. Pierre ès-l.
D. 2 s. Etienne, p.
l. 3 Inv. s. Etienne.
m 4 s. Dominique.
m. 5 s Yon, mart.
j. 6 Transfig. N. S.
v. 7 Susc. s[e] Croix
s. 8 s. Justin, m.
D. 9 s. Spire.
l. 10 s. Laurent, m.
m. 11 Susc. s[e] Cour.
m. 12 ste. Claire.
j. 13 s. Hippolyte.
v 14 s. Eusèbe. *v j.*
s. 15 ASSOMPTION
D. 16 s. Roch.
l. 17 s. Mammes.
m. 18 ste. Hélène.
m. 19 s. Louis, évêq.
j. 20 s. Bernard, ab.
v. 21 s. Privat, év.
s. 22 s. Symphorien
D 23 s. Sidoine, év.
l. 24 s. Barthélemi.
m 25 s. Louis, roi.
m 26 s. Zéphirin.
j. 27 s. Césaire, év.
v. 28 s. Augustin
s. 29 Décoll. s. J.-B.
D. 30 s. Fiacre.
l. 31 ste. Isabelle.

SEPTEMBRE.

P. Q. le 3, à 10 h. s.
P. L. le 11, à 7 h. s.
D. Q. le 18, à 5 h. s.
N. L. le 25, à 6 h. s.

m. 1 s. Leu, s. Gill.
m. 2 s. Lazare.
j. 3 s. Grégoire, p.
v. 4 ste. Rosalie.
s. 5 s. Bertin, abb.
D. 6 s. Onésipe, év.
l. 7 s. Cloud, pr.
m. 8 NAT. DE LA V.
m. 9 s. Omer, év.
j. 10 ste. Pulchérie.
v. 11 s. Patient, év.
s. 12 s Raphaël.
D. 13 s. Maurille.
l. 14 Exalt. s[e] Croix.
m. 15 s. Nicomède.
m. 16 ste. Eugén. *4 T.*
j. 17 s. Lambert.
v. 18 s. Jean C.
s. 19 s Janvier.
D 20 s. Eustache.
l. 21 s. Mathieu.
m. 22 s. Maurice.
m. 23 ste. Thècle, v.
j 24 s. Andoche.
v. 25 s. Cléophas, d.
s. 26 ste. Justine, v.
D 27 s. Côme, s. Da.
l. 28 s. Céran, év.
m. 29 s. Michel, arc.
m. 30 s. Jérôme.

OCTOBRE.

P Q. le 3, à 5 h. s.
P. L. le 11, à 7 h. m.
D. Q. le 18, à 0 h. m.
N. L. le 25, à 9 h. m

j.	1	s. Remi, év.
v.	2	ss. Anges gard.
s.	3	s. Cyprien.
D.	4	s. Franç. d'As
l.	5	ste. Aure, v.
m.	6	s. Bruno.
m.	7	s Serge et s. B
j.	8	ste. Brigitte.
v.	9	s. Denis, év
s.	10	s. Paulin
D.	11	s. Firmin, év.
l.	12	s. Vilfrid, év.
m.	13	s. Gérand, c.
m.	14	s. Caliste, pap.
j.	15	ste. Thérèse.
v.	16	s. Gal, abbé
s.	17	s. Cerbonet.
D.	18	s. Luc, évang.
l.	19	s. Savinien
m.	20	s. Sendou, pr.
m.	21	ste. Ursule, v
j.	22	s Mellon.
v.	23	s. Hilarion.
s.	24	s. Magloire.
D.	25	s. Cr. s. Crép.
l.	26	s. Rustique.
m.	27	s. Frumence.
m.	28	s. Simon, s. J.
j.	29	s. Faron, év.
v.	30	s. Lucain, m.
s	31	s. Quentin. *v. j.*

NOVEMBRE.

P. Q le 2, à 1 h. s.
P. L. le 9, à 6 h. s.
D. Q. le 16, à 9 h. m.
N. L. le 24, à 2 h. m.

D.	1	La Toussaint.
l.	2	Les Trépassés
m.	3	s. Marcel, év.
m.	4	s. Charles Bor.
j.	5	ste. Bertilde.
v.	6	s. Léonard.
s.	7	s. Willebrod
D.	8	stes. Reliques
l.	9	s. Mathurin.
m.	10	s. Léon Ier, p
m.	11	s. Martin, év.
j.	12	s. René, év.
v.	13	s. Brice, évêq
s.	14	s Maclou.
D.	15	s. Eugène, m
l.	16	s. Eucher, év.
m.	17	s. Agnan, év.
m.	18	ste. Aude, v.
j.	19	ste. Elisabeth.
v.	20	s. Edmond, roi
s.	21	Prés. de la V
D.	22	ste Cécile.
l	23	s. Clément.
m	24	ste. Flore, v.
m.	25	ste. Catherine.
j.	26	ste Gen. des A.
v.	27	s. Maxime.
s.	28	s. Sosthène.
D.	29	L'Avent.
l.	30	s. André.

DÉCEMBRE.

P. Q. le 2, à 7 h. s.
P. L. le 9, à 4 h. m.
D. Q. le 15, à 9 h. s.
N. L. le 23, à 9 h. s.

m.	1	s. Eloi, évêq.
m.	2	s. Fulgence.
j.	3	s. François X.
v.	4	ste. Barbe.
s.	5	s. Sabas, abbé.
D.	6	s. Nicolas.
l.	7	ste. Fare, v.
m.	8	Conception.
m.	9	ste. Gorgonie
j.	10	ste. Valère, v.
v.	11	s. Fuscien, m.
s.	12	s. Damase.
D.	13	ste. Luce, v. m.
l.	14	s. Nicaise.
m.	15	s. Mesmin.
m.	16	ste. Adélaïde.
j.	17	ste. Olymp. 4 T.
v.	18	s. Gatien.
s.	19	ste. Meuris.
D.	20	s Philogone.
l.	21	s. Thomas, ap
m.	22	s. Honorat.
m.	23	ste. Victoire.
j.	24	s. Delphin. V. J.
v	25	NOEL.
s.	26	*s. Etienne, m.*
D.	27	*s. Jean, ap. év.*
l.	28	ss. Innocens.
m.	29	s. Thomas de C.
m.	30	ste. Colombe.
j.	31	s Sylvestre

NOTICE

SUR LA VIE

DE

M. DE LAROCHEFOUCAULD,

Duc de Doudeauville.

Il était réservé à un proche parent du DUC DE LIANCOURT, à M. le duc de Doudeauville, de montrer que les vertus qui reposent sur l'amour éclairé de l'humanité, sont le trait caractéristique de cette noble race des LAROCHEFOUCAULD, indépendamment de toute direction politique [1].

AMBROISE POLYCARPE DE LAROCHEFOUCAULD, duc de DOUDEAUVILLE, né le 2 avril

[1] La petite fille de M. le duc Doudeauville a épousé le duc actuel de Liancourt, petit-fils de celui qui a rendu son nom célèbre dans les annales de la philanthropie.

1765, eut pour père et pour aïeul deux seigneurs qui se plurent à accorder aux gens de lettres, non cette protection qui, en humiliant celui qui la reçoit, rabaisse celui qui la donne, mais ces nobles égards qui relèvent les classes éclairées en les mettant au niveau des plus hautes. Ce fut au collége d'Harcourt que le jeune Larochefoucauld vint partager cette éducation commune qui prépare l'enfance aux devoirs de la société. Dans ses études, il développa un esprit précoce et facile; dans ses relations avec ses condisciples, un cœur sensible et généreux. A douze ans il avait fait sa rhétorique; à quatorze ans il devint grand d'Espagne de Ire classe, par son mariage avec une descendante du grand Louvois, mademoiselle de Montmirail; à seize ans il était père; à vingt-trois ans, major des dragons de Montmorency; enfin à vingt-quatre ans il présida, en qualité de grand bailly de Chartres, l'assemblée des électeurs qui avaient à nommer les députés aux états généraux; et dans ce poste si difficile pour un très-jeune homme, il déploya autant de fermeté que de sagesse. Il fut ensuite président de la chambre de la noblesse. Bien neuf à de semblables fonctions, il croyait s'en être mal acquitté, lorsqu'il vit après la session, toute cette assemblée venir en corps, et d'après une délibération expresse, lui témoigner ses remercîments sur la manière dont il avait conduit les délibérations.

Toute la France espérait alors et regardait la convocation des Etats généraux comme la régénération de la monarchie; mais l'horizon ne tarda pas à se rembrunir: des sujets fidèles crurent que l'émigration était un devoir. M. le duc de Doudeauville, tout en la désapprouvant, n'osa pas s'y soustraire : on y attachait une idée d'honneur. Il servit dans l'armée des princes; mais voyant que les puissances étrangères, au lieu de soutenir le trône de Louis XVI, ne désiraient que le démembrement de la France, il déposa les armes et parcourut l'Europe pour s'instruire. Rentré en 1800, alors que la main victorieuse de Napoléon cicatrisait les plaies de la patrie, M. le duc de Doudeauville se renferma dans son intérieur, uniquement occupé des études qui avaient consolé son exil, et de ces actes de bienfaisance qui recherchent l'ombre et le secret. Après avoir refusé d'être membre du corps législatif et même du sénat, il consentit, en 1804, à faire partie du conseil général de la Marne, espérant y être utile sans manquer à ses anciens engagements.

La restauration lui prodigua ds honneurs qu'il accepta, mais qui ne le changèrent point. Pair, ministre, commissaire du roi dans les départements, directeur général des postes, inspecteur général des gardes nationales de la Marne et maréchal de camp, il fut toujours l'homme de la modération, toujours l'ennemi des réactions de partis comme des abus de pouvoir. En 1816, il contribua, en qualité de président du conseil supérieur de l'école polytechnique, à réorganiser ce gymnase de la science et des vertus militaires. Il fut, dès l'origine (1816), membre du conseil d'instruction primaire, et personne n'a travaillé avec plus de zèle à la propagation des nouvelles méthodes qui ont rendu les moyens d'apprendre plus généraux et plus accessibles au peuple. Les discours qu'il a prononcés comme organe de la société d'encouragement pour l'industrie nationale, prouvent combien il s'intéresse vivement aux utiles travaux de cette association. Membre du conseil général des hospices et de la société pour l'amélioration des prisons, il n'a pas mis moins de sollicitude dans la haute surveillance qui lui est attribuée sur plusieurs de ces établissements. L'institution des sourds-muets le compte aussi parmi ses administrateurs. Réunion toute scientifique et déjà célèbre, l'institut historique a pensé que ce serait ajouter à son illustration naissante que de nommer M. de Doudeauville son vice-président, puis son président. Sans vouloir épuiser une nomenclature qui deviendrait trop étendue, il suffit d'ajouter que depuis vingt ans, M. le duc de Doudeauville a accepté des fonctions toujours gratuites dans plus de trente conseils ou associations de charité, de bienfaisance, d'instruction, de perfectionnement, de science : touchante réunion de dignités qui excitent l'envie, mais qui font naître la vénération et la reconnaissance publiques. M. le duc de Doudeauville, auquel il ne suffisait pas de s'associer avec un zèle si honorable aux œuvres bienfaisantes que d'autres avaient conçues, a encore imité sa noble mère en fondant l'hospice de Montmirail, comme elle avait fondé l'hospice de Larochefoucauld à Montrouge. C'est par de tels bienfaits que l'héritier d'une antique famille peut aujourd'hui perpétuer, parmi ses concitoyens, un patronage plus illustre encore que celui, qui jadis était l'attribut d'une longue succession de vastes possessions féodales.

Le bien général, l'utilité publique, non point en vaine théorie, mais dans l'application, dans ce qui s'adapte le plus et le mieux au bien-être du peuple et des masses, voilà ce qui toujours occupa la pensée de M. de Doudeauville dans toutes les positions où il s'est trouvé. Ainsi, sous le règne de Louis XVIII, si, en dépit de ses convenances personnelles, il accepta la direction générale des postes, il y marqua son passage par beaucoup d'améliorations importantes que réclamaient le nouvel état de la société et le prodigieux développement des relations commerciales et industrielles. Depuis lors, on n'a pas vu se ralentir le mouvement salutaire qu'avait imprimé le noble duc à cette partie de l'administration, qui touche de si près aux intérêts privés, à tous les liens sociaux.

De la direction des postes qu'il occupa trois ans, il passa, après l'avoir refusé plusieurs fois, au ministère de la maison du roi; c'est là qu'il put faire beaucoup de bien, encourager les arts, soulager les adversités de ceux qui les cultivaient. Nous ne pouvons nous refuser à donner quelques détails sur les actes principaux de son ministère, ils servirent à la fois des intérêts publics et de nombreux intérêts privés. Il est à peine utile de dire, pour ceux qui connaissent le noble caractère de M. le duc de Doudeauville, qu'il donna cet exemple généreux, suivi depuis par bien peu d'hommes d'état, de faire abandon de la somme qui était allouée, pour son installation, au ministre nouvellement nommé, et qui se montait alors à 25,000 fr. : elle fut répandue par lui en aumônes. Plus de seize millions de pensions et secours furent payés et accordés sur les fonds de la liste civile et avec l'assentiment du roi, pendant les deux ans du ministère du duc de Doudeauville, aux Français malheureux de toutes les conditions et de toutes les opinions. Il fit construire les bâtiments neufs de Saint-Cloud, élever ceux des Tuileries qui s'étendent en partie du guichet de l'échelle à la rue Saint-Nicaise, bâtir la salle Ventadour, fonder l'institut agricole de Grignon. Au prix de bien des fatigues et au poids de l'or, il fit acheter secrètement en Angleterre des moutons à longue laine, les fit répartir dans des établissements ruraux, et, par cette conquête, assura au commerce français les moyens de fabriquer avec succès la *poupeline* et de déposséder la Grande-Bretagne du monopole exclusif de plus de 20 millions annuels sur cette branche d'industrie.

Enfin, sous l'administration et la direction vigilantes de son fils, vicomte de Larochefoucauld, deux millions furent consacrés à la restauration du Théâtre Italien, les magnifiques salles du conseil d'état furent établies au Louvre, la savonnerie réunie aux gobelins, et l'on fonda le musée Charles X.

Qu'il nous soit permis de citer un seul trait de la vie de M. le duc de Doudeauville, c'est encore à l'époque de son ministère qu'il se rapporte et il suffira pour bien faire apprécier la noblesse de son caractère. Une maladie à laquelle il était sur le point de succomber, en le forçant de suspendre la plus grande partie de ses travaux ministériels n'avait pu lui faire abandonner le soin de veiller sur de nombreuses infortunes. Il ordonna qu'on lui remît le travail des pensions et secours, et, sur la réponse que lui fit le baron de Wolbock, son secrétaire général, que les médecins prescrivaient le plus entier repos : « Je puis mourir, répliqua-t-il, et les pauvres ne peuvent attendre. » Le travail fut expédié.

Mais l'honneur et sa conscience lui firent bientôt une loi de résigner son portefeuille et d'abandonner cette place la plus agréable et la plus enviée du royaume. On sait à quelle occasion. A la suite d'une grande revue de a garde nationale de Paris, où des cris avaient été proférés contre les ministres, la dissolution de cette milice citoyenne fut prononcée, malgré la vive opposition du duc de Doudeauville. En envoyant sa démission au roi Charles X, il y joignit une lettre dans laquelle il annonçait les événements qui suivirent quelques années après, ce licenciement impolitique. Cette démarche lui donna beaucoup de popularité; il aurait pu en profiter pour jouer un grand rôle politique, mais il évita avec soin tout ce qui pouvait l'y conduire, et se contenta de donner dans l'occasion et avec discrétion des conseils qui malheureusement ne furent pas suivis.

Il continua à siéger à la chambre des pairs après 1830, croyant sa conscience engagée à prendre part au jugement des ministres, dont il voulait au moins sauver la vie. Il prononça un discours plein de force pour s'opposer à la loi de bannissement des Bourbons de la branche aînée, et parla aussi contre l'abolition de l'hérédité de la pairie. Depuis M. le duc de Doudeauville a cessé de prendre part aux travaux de cette assemblée, et il est devenu étranger, comme sous Napoléon, à toutes fonctions publiques actives; il s'est borné à exercer ses attributions comme électeur et comme membre du conseil général du département.

Président depuis deux ans du conseil supérieur et d'inspection de la BANQUE PHILANTHROPIQUE, il a prêté à cette utile institution l'appui actif de son nom, de ses conseils et de son influence.

Rendu ainsi à la vie privée, il n'est pas de ceux qui puissent regretter les honneurs, puisque les honneurs n'ont pu ni rien ôter ni rien ajouter à sa considération. Toujours dévoué à ses concitoyens et à l'humanité, on l'a vu, à l'époque désastreuse du choléra, visiter plus assidument que jamais les hôpitaux. L'épidémie qui frappa tant de têtes précieuses à respecté la sienne, et il doit, sans doute, ce bonheur à cette sécurité d'âme, que peut trou-

[1] Société mutuelle pour la constitution des dots, des fonds de recrutement et de rentes viagères annuelles, qui réunit aujourd'hui un fonds de 20 MILLIONS, et qui compte plus de TRENTE MILLE INTÉRESSÉS. C'est la plus importante société d'assurances sur la vie. Son siége est à Paris, rue Notre-Dame-de-Lorette, 60.

bler chez lui la vue de la souffrance, mais qui triomphe toujours du danger. Enfin, non moins heureux, sous un autre rapport, M. le duc de Doudeauville a pu, pendant bien des années, être investi des plus hautes dignités de la Cour et de l'Etat, sans jamais se voir attaqué dans un seul article de journal. Il est peut-être en France le seul homme public qui puisse se féliciter d'un tel bonheur; c'est la preuve la plus éclatante de la vénération qu'à su inspirer son caractère noble et inoffensif, invariable et bienfaisant. En effet, durant une carrière de soixante-quatorze années, ses principes en tous genres n'ont jamais changé; mais en les conservant dans toutes les occasions, sa conduite a été si modérée, qu'il se les est fait pardonner par les personnes qui professaient les opinions les plus opposées aux siennes!

A. JARRY DE MANCY.

Fondateur de la Société Montyon et Franklin.

Imprimerie de Ducessois, quai des Augustins, 55.

SOCIÉTÉ MONTYON ET FRANKLIN.

Sous les auspices de **MONTYON** et de **FRANKLIN**, il a été fondé à Paris, en 1833, un Recueil spécial consacré aux **HOMMES UTILES**, à la mémoire des Bienfaiteurs et bienfaitrices de l'humanité. La notice de **M.** le duc de **Doudeauville** a été insérée avec celle de **M.** le duc de Larochefoucauld-Liancourt dans la cinquième année (1837), du recueil Montyon et Franklin fondé par **M.** le professeur **A. Jarry de Mancy**. — Le prix de l'abonnement pour chaque année, comprenant 25 portraits avec notices, est de *sept* francs.

Éditeurs : **MM. GAYET** et **LEBRUN**, libraires-commissionnaires, rue des Petits-Augustins, 6.

IMPRIMERIE DE DUCESSOIS
Quai des Augustins, 55

www.ingramcontent.com/pod-product-compliance
Lightning Source LLC
LaVergne TN
LVHW010016230826
846092LV00002B/855